いないいないわお！

0・1・2歳からのあそびうた

鈴木 翼　福田 翔

はじめに

僕は約4年間子育て支援センターで勤務しました。今でも年4回、その支援センターでコンサートをさせてもらっています。僕にとってそこは自分のなかの感覚を現場にいたときに近づけることのできる大切な場所です。

子育て支援センターでコンサートをすると、0・1・2歳児の親子連れが圧倒的に多く、もっと乳児の保育現場で遊べるものをつくりたいと思っていました。支援センターの先生にもどんな場面で、どんな子どもたちと遊べるものがほしいかを聞いていたそんなときに、本当によいタイミングで鈴木出版さんから声をかけてもらったのです。そして、最初に福田翔くんの顔が浮かびました。翔くんは小さい子むけの歌をたくさんつくっていて、アルバムを一緒につくって楽しかったこともあり、今回も一緒につくることになりました。

それからは翔くんから詩が届いたら曲をつけて、一緒に何度も話し合って、子どもの前で遊んでみて、子どもたちの反応を見る。また、現場の声と照らし合わせながら、ああでもない、こうでもない、と1年くらい考えていたと思います。ふたりでアイディアを出しながら、歌ができたらまた現場で遊んでみる。またつくり変える。でもそれはとても楽しい作業でした。

子どもたちはとっても正直です。子どもたちとふれあうのは本当に楽しいです。子どもたちの笑い声を聞くと、心が水を吸った後の植物みたいに元気になります。この本が、子どもたちとその周りにいる大人のみなさんの笑顔のきっかけになることを願っています。

鈴木 翼

この本を手に取ってくださりありがとうございます。保育士の頃から憧れだった鈴木翼さんとコラボしたCDブックは私自身とても嬉しく、記念すべき1冊となりました。翼さんと制作が始まり、こうかな、これはどうかな、と話し合いながら構成し、そして子どもたちや親子と遊ぶなかでさらに遊びに修正をかけました。完成したこのCDブックがたくさんの子どもたちや親子の笑顔につながると嬉しいです。

　他国に比べ、日本の子どもたちの自己肯定感が低いといわれています。日本人には相手を立て、謙遜の文化があるからかもしれませんが、生き辛い思いをしている子どもたちが多いのが現状です。大人の私たちだって落ち込み、自信がなくなるときもあります。子どもとふれあい、笑い合うなかで、生きることの楽しさを感じ合い、互いに自己肯定感を高めていけたらと思っています。

　そのためにも、まずは保育者をはじめ、児童館、子育て支援センターなどの職員の方々、そしてお母さんお父さんが自分自身で遊びを楽しむことが大切です。その楽しい雰囲気に安心して子どもたちも笑顔になっていくと思います。

福田 翔

　日本中に子どもたちの笑顔を大切にしている仲間がたくさんいます。力を合わせて保育現場や家庭から笑顔と温かい時間の輪を広げていけたら、それが大きくつながって日本社会全体がよい方向に進んでいくと信じています。

　目の前の子どもとニコッとする瞬間をこれからも大切に、「あそびうた」を心の架け橋にしていきましょう。

　最後に鈴木出版の菊池さん、乙黒さんにはいつも笑顔で快くいろいろなことに応えていただきました。心より感謝申し上げます。

Contents

はじめに ………………………………………………………… 2

1 できても できなくても やってみよう ………… 6
（体遊び）（表現遊び）

2 パピプ ポーン ……………………………………… 10
（ふれあい遊び）

3 ブラリン ブラリン ………………………………… 12
（手遊び）（表現遊び）

4 くものうえで ………………………………………… 16
（ふれあい遊び）

5 つのつのつーの ……………………………………… 18
（手遊び）（表現遊び）

6 いない いない わお！ …………………………… 22
（手遊び）（模倣遊び）

7 ぼくたちぶどう ……………………………………… 26
（ダンス）

8 びっくりチュンチュン ……………………………… 30
（表現遊び）

9 イソギンチャクのなかにカクレクマノミ ………… 32
（ふれあい遊び）

10 だいじょうぶ？ ズコッ …………………………… 34
（かけあい遊び）

11 ぼくのこえ きみのこえ ……… 38
　　　追いかけソング

12 いつか大きな木になる ……… 42
　　　保護者への応援ソング

column 1 ふれあい遊びは心の栄養分になる　福田 翔 …… 24

column 2 子育て支援は子育て応援！
　　　　〜完璧でなくていい、失敗してもいいんだ〜　鈴木 翼 …… 46

特別付録　簡単に遊べて みんながくぎづけ！　**びっくりシアター**

- **下じきシアター** ……… 50
- **折りおりシアター** ……… 52
  - びっくらポン！ 〜おおきくなぁれ〜 ……… 52
  - 〜クリスマス〜 ……… 54
- 下じきシアター型紙 ……… 55
- 折りおりシアター型紙 ……… 59

付録CD曲目リスト（巻末）

マークについて

●対象年齢の目安●
2歳〜
あくまでも目安です。子どもの様子を見ながら、アレンジをするなどして遊んでください。

●遊びのシーン●

毎日の保育での普段の遊び、子育て支援での親子遊び、発表会や運動会などの演目など、主に使えるシーンを表示。

●遊びの種類●

 など

TRACK 1 できても できなくても やってみよう

2歳～

体遊び / 表現遊び / 毎日の保育 / 子育て支援 / 行事

楽譜 ➡ P9

前奏
横を向いて手と足でリズムをとる

1番

1 ♪できるかできないかは～～ ～～やってみよう
足を左右に踏み出してステップを踏みながら手拍子を打ち、リズムをとる

2 ♪まわして まわして
胸の前で両手を回す

3 ♪ハーイ！
手を上げる

4 ♪まわして まわして
2と同じ

5 ♪ストップ！
両手を前に出す

6 ♪まわして まわして
2と同じ

7 ♪ぎゅ！
体をちぢこませる

8 ♪まわして まわして
2と同じ

9 ♪わー！
両手を上げて横に倒れるふりをする

10 ♪できても できなくても やってみよう
1と同じ

2番

11 ♪すこしくらい だめでも～～ やってみよう
1と同じ

12 ♪はしって はしって
その場で走る

できなくてもいい ノリノリでいこう！

子育て支援のコンサートなどで2曲目に行うことが多い遊びです。ノリノリな曲調なので、場が温まったところで遊ぶとヒートアップします。間奏で手拍子遊びを入れたりもします。0〜1歳児には、まだ難しいところもあると思いますが、大きな子が遊んでいるのを見るだけでも楽しいし、できるところだけをやればいい。"できてもできなくてもやってみよう"ですから！　CDにはカラオケも入っているので、ぜひ自分たちで歌詞をアレンジして遊んでください！

13 ♪くねくね〜

両手を上げてくねくね揺らす

14 ♪はしってはしって
12と同じ

15 ♪ぐー
寝たふりをする

16 ♪はしってはしって
12と同じ

17 ♪タッチ！
横を向いてタッチ
★できる場合は隣の人とタッチ

18 ♪はしってはしって
12と同じ

19 ♪こちょこちょ
横を向いてくすぐる
★できる場合は隣の人をくすぐる

20 ♪できてもできなくてもやってみよう
1と同じ

くりかえし①

21 ♪いしがとんできた
12と同じ

22 ♪よけて！
よけるふり

23 ♪みずたまりこえて
12と同じ

24 ♪ジャンプ！
その場でジャンプする

25 ♪おやつがふってきた
12と同じ

26 ♪キャッチ！
両腕を使ってキャッチするふり

27 ♪おじぞうさんは
12と同じ

28 ♪シーン

手を合わせる

29 ♪できても できなくても やってみよう

1と同じ

くりかえし②

30 ♪おばけが でてきて

おばけの手に見立てた
両手を左右に振る

31 ♪わお！

手を広げて驚く

32 ♪おもちを たべたら

両手を口にあて、
おもちを食べるふり

33 ♪びよーん！

32の手を斜め下に動かし
おもちをのばすふり

34 ♪げんきに あいさつ

体の前で手を
4回たたく

35 ♪こんにちは！

会釈をする

36 ♪あなたが だいすき

指をさしながら
2回リズムをとる

37 ♪ぎゅー！

横を向いて抱きしめる
★できる場合は隣の人を抱きしめる

38 ♪できても できなくても やってみよう

1と同じ

最後

決めポーズをする

▶ **こんなときに**

ひとりで難しいときは サポートしてあげよう

親子遊びのときに、まだひとりでは難しい年齢の子の場合は、保護者が膝の上に座らせて、子どもの手を持って回すなど、歌詞に合わせた動きをやってあげるとよいですね。【♪こちょこちょ】でくすぐったり、【♪ぎゅー！】で抱きしめたりするなど、ふれあい遊びにぴったりです。元気な音楽に合わせて、親子で楽しんでください！

TRACK 2

パピプ ポーン

0歳〜

ふれあい遊び / 子育て支援 / 行事

楽譜➡P14

1番 1 ♪パピプペ パピプポーン

大人が子どもを抱っこしながら円になり、リズムに合わせて歩く

2 ♪（ポーン）

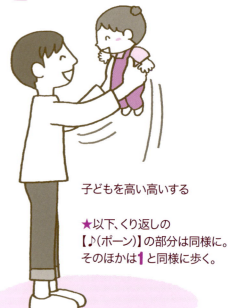

子どもを高い高いする

★以下、くり返しの【♪（ポーン）】の部分は同様に。そのほかは1と同様に歩く。

★ 2番〜4番も 1番 と同様にくり返しの
【♪（ぷるん）】
【♪（ヒューン）】
【♪（くるん）】
で次のようにする。

2番 2 ♪（ぷるん）

抱っこしたまま子どもを揺らす

3番 2 ♪（ヒューン）

大またで1歩進む

すぐに遊べて簡単 運動会にも最適！

0〜1歳児向きの親子で遊べるふれあい遊びです。子育て支援はもちろん、運動会の種目にも最適だと思います。はじめる前に「みんなでお散歩に出かけましょう」とか「乗り物に乗ってしゅっぱーつ！」など、テーマを設定すると、子どもも保護者もテンションが高まるのではないでしょうか。円になって動きながら遊べるあそびうたって、あまりないんですよね。園の先生のそんな遊びがあったらいいなという希望を受けてつくった遊びです。

4番 2 ♪（くるん）

一回転する

最後 ♪ぎゅぎゅぎゅー

子どもを3回ぎゅっと抱きしめる

アレンジ 子どもたちだけで歩きながら遊ぶ

3歳くらいなら、子どもたちだけでも遊べます。自分で歩きながら、その場でジャンプしたり、体を揺らしたり、大またで進んだりします。最後は、隣の友達とぎゅっと抱きしめ合いましょう。

親子で見つめ合い 笑い合う時間はとても大切

この遊びは、子どもを抱っこして、ふれあいながら歩いて遊ぶものです。子育て支援や運動会、保育参観などの親子遊びで行う場合は、ぜひ保護者に「お子さんの顔を見ながら遊びましょう」とアナウンスしてから始めてください。親子で見つめ合い、笑い合うというのは、とても大事な時間です。その大切さを、伝えてほしいと思います。

ブラリン ブラリン

TRACK 3

2歳〜

手遊び / 表現遊び / 毎日の保育 / 子育て支援

楽譜→P15

1番

1 ♪ブラリンブラリン ブラブラ

両腕を体の前で左右に ぶらぶら揺らす

2 ♪グー

両手をグーにする

3 ♪ブラリンブラリン ブラブラ

4 ♪グー
1、2をくり返す

5 ♪グーはかっこよく

リズムに合わせて、 グーを左右に揺らす

6 ♪はいポーズ

グーでかっこいい ポーズをとる

7 ♪ブラリンブラリン ブラブラ

1と同じ

8 ♪チョキ

両手をチョキにする

9 ♪ブラリンブラリン ブラブラ

10 ♪チョキ
7、8をくり返す

11 ♪チョキはかわいく

リズムに合わせて、 チョキを左右に揺らす

12 ♪はいポーズ

チョキでかわいいポーズをとる

13 ♪ブラリンブラリン ブラブラ

1と同じ

一人ひとりを認めてほしい

子どもになじみのあるグー、チョキ、パーを使った遊びです。慣れてきたときや幼児の場合は、子どもたちなりの自由なポーズを表現してみましょう。みんな同じでなくていいのです。「そのポーズいいね」とか「○○ちゃんのポーズをみんなでまねしてみようか」と言って、一人ひとりを認める時間を作ってあげられるといいですね。「かっこよく」「かわいく」「へんてこ」の部分は、例えば「笑って」「怒って」など、いろいろとアレンジを考えても楽しいですよ。

14 ♪パー

両手をパーにする

15 ♪ブラリンブラリンブラブラ

16 ♪パー

13、14をくり返す

17 ♪パーはへんてこ

リズムに合わせて、パーを左右に揺らす

18 ♪はいポーズ

パーでへんてこなポーズをとる

2番

★二人組みになる。

★【♪○○でだれかと】で、二人でポーズを考える。

★【♪はいポーズ】以外は 1番 と同じ。

6 ♪はいポーズ

二人でグーでポーズをとる

12 ♪はいポーズ

二人でチョキでポーズをとる

18 ♪はいポーズ

二人でパーでポーズをとる

TRACK 4 　0歳〜

くものうえで

ふれあい遊び
毎日の保育　子育て支援　行事
楽譜→P20

1番

1 ♪そらのうえで ゆらゆらり
くもにのって ゆらゆらり

子どもを膝に寝かせ、リズムに合わせて左右に揺れる

2 ♪きみにかぜが あそぼうと
どこからかふいてきた やってきた

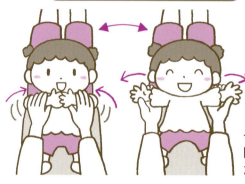

子どもの腕を開いたり閉じたりする

3 ♪くるりくるり〜〜
からだじゅうをくるくるり

耳を指でくるくる触る

4 ♪くるりくるり〜〜
こころのなかかぜがふく

首を指でくるくる触る

5 ♪ヒュー

お腹に口をつけて息を吹きかける

空や風を感じて ふれあう安心感

気持ちのよい季節の保育につなげてほしい遊びです。空を見ながら「雲にのったらどうなるのかな?」と、みんなで想像した後に遊んだり、お散歩で公園などに行って座って遊んだりしてもいいですね。解放感のある曲なので、空や雲、風を感じられる場所で遊ぶとリラックスできると思います。くるくると触る場所は、いろいろな場所にかえてください。スキンシップは、子どもも大人も安心感や幸福感を感じるとても大切なことです。

2番

★ 1、2、5は共通。

3 ♪くるりくるり〜〜
からだじゅうをくるくるり

あし

足の裏を指でくるくる触る

4 ♪くるりくるり〜〜
ふくのなかにもかぜがふく

おなか

服の中に手を入れてくすぐる

くり返し

3 ♪くるりくるり〜〜
からだじゅうをくるくるり

ひざ

ひざを指でくるくる触る

4 ♪くるりくるり〜〜
こころのなかかぜがふく

あたま

頭を指でくるくる触る

こんなときに

親子遠足で空を眺めながら遊ぶのにもうってつけ

親子遠足や保育参観、子育て支援での親子遊びにも最適なふれあい遊びです。特に親子遠足でレジャーシートを敷いて、空や雲を眺めながら、気持ちいい風のなかで遊んだら、子どもも保護者も癒されることでしょう。普段子どもとふれあうことの少ないお父さんが参加する行事で遊ぶのもいいですね。

TRACK 5

つのつのつーの

手遊び / 表現遊び
毎日の保育 / 子育て支援

2歳〜

楽譜➡P21

1番

1 ♪つのつのつーの

両手の人さし指を顔の横で2回上下させる

2 ♪つのつーの

1を反対側で行う

3 ♪つのつのつーの

1をくり返す

4 ♪つのつーの

2をくり返す

5 ♪いっぽんのつの

左手の人さし指を頭の上に立てる

6 ♪にほんのつの

右手の人さし指を頭の上に立てる

7 ♪のびるつの

リズムに合わせて、左右に揺れる

8 ♪ビヨーン！

両腕を上に伸ばす

★ **2番** **3番** は 1〜7まで共通。

★ **4番** は 1〜4まで共通。

2番 8 ♪グー

頭を斜め下に向け、寝たふりをする

3番 8 ♪ソレソレソレ！

頭の上で人さし指を振って、おどらせる

思いっきりツッコんで大笑い！

ちょっとあやしげな音楽と"ノリツッコミ"の要素を盛り込んだ、笑える遊びです。「ビヨーン」「グー」「ソレソレソレ」や「ない！」のところは、おおげさに思いっきりやると盛り上がります！　幼児の場合は「次はどんな角がいい？」と聞いてみてもいいですね。例えば、「回る角」→「クルクルクル」とか「叫ぶ角」→「ギャー」など、おもしろいものがでるかもしれません。「角のある動物は、ほかに何がいるかな？」と図鑑などを見て、表現してみてもいいですね。

4番　5　♪サイのつの

左手の人さし指を頭の上に、右手の人さし指を鼻の前におき、サイの角に見立てる

6　♪トナカイのつの

両手の5本指をそらせて、頭の上でトナカイの角に見立てる

7　♪ねこのつの

両手の3本指を頬にあてて、ねこのひげに見立てる

8　♪ない！

両手を斜め下に振り下ろし、ツッコミを入れる

くり返し①②　★4番 7の動物が変わる。

7　♪サルのつの

左右のこぶしを顔の上下にまわしてサルのポーズ

7　♪イヌのつの

体の前でこぶしを前に振り、イヌのポーズ

くり返し③

5　♪ゴリラのつの

こぶしで胸をたたき、ゴリラのポーズ

6　♪ウサギのつの

両手を頭の上にのせて、ウサギの耳に見立てる

7　♪にんげんのつの

親指で自分をさす

8　♪ない！

両手を斜め下に振り下ろし、ツッコミを入れる

最後　9　♪んー

くやしがる

10　♪ないっつーの！

勢いよく、両手を斜め下に振り下ろし、ツッコミを入れる

※ CDでは最後に「くるりくるり〜」の部分からくり返しています。

作詞／鈴木翼　福田翔
作曲／鈴木翼　編曲／佐藤友成

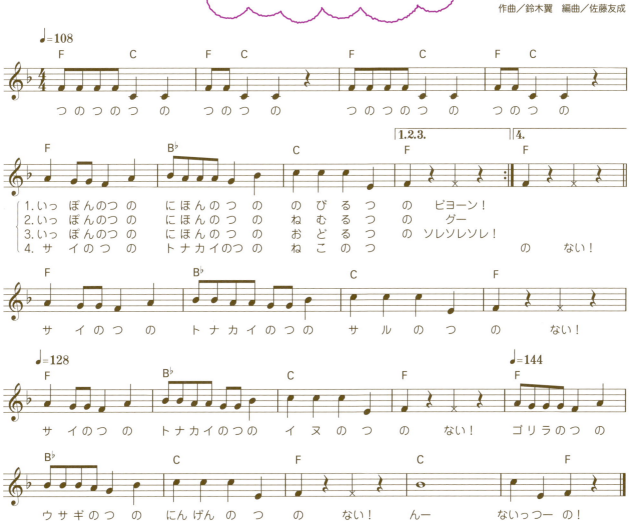

TRACK 6

いない いない わお！

0歳〜

手遊び / 模倣遊び / 毎日の保育 / 子育て支援

楽譜 → P23

1番

1 ♪パチパチパチパチ

2回手をたたく

2 ♪おはよう

お腹を2回触る

3  ♪パチパチパチパチ

1と同じ

4  ♪おはよう

頭を2回触る

5  ♪パチパチパチパチ

1と同じ

6 ♪おはよう いないいない

手で顔を覆う

7 ♪わお

手を大きく広げる

くり返し①

★【♪パチパチ〜】は1をくり返す。
（くり返し②も同様）

★6は共通。

2・4  ♪おはよう
7 ♪わお

体を上下に動かす

くり返し②

2 ♪おはよう

1回目
両腕を左右に広げる

朝の時間や隙間時間に最適!

0〜1歳がお座りをしてできることを集めました。「おはよう」の部分は、こぶしをトントン重ねるなど、いろいろアレンジしてみてください。保育者と同じことをする模倣遊びでもあり、先生と同じことができる喜びや共感を覚えることができます。朝の集まりの時間はもちろん、時間帯によって「こんにちは」「さようなら」にかえたり、着替えを待っている間などの隙間時間にも最適です。最後の倒れるところは、頭をぶつけないように注意しましょう。

4 ♪おはよう (2回目)
両腕を前に伸ばす

6 ♪おはよう いないいない (3回目)
両腕を上に伸ばす。「いない〜」で手で顔を覆う

最後 7 ♪わお
横に倒れる

アレンジ　子どもを膝に座らせたり寝かせたままでも遊べる

保育者と子ども、親子で遊ぶときは、膝に座らせて、大人が子どもの手を持って動かしたり、向い合わせで座って大人が子どもの体を触ったり、【♪わお】のところで子どもをくすぐったりしても、びっくりしつつ、喜びます。お座りができない子は寝かせたまま遊んでもいいですね。

<寝かせたままで>

<向い合わせで>
♪いないいない　♪わお

いない いない わお!

作詞・作曲／鈴木翼　福田翔
編曲／下畑薫

※ CDでは5回くり返しています。

ふれあい遊びは心の栄養分になる

福田 翔

●男性保育士である僕が1年目で0歳児の担任に

　保育士1年目で僕は0歳児クラスの担任になりました。今でこそ0歳児クラスに男性保育者が入ることも少しずつ増えていますが、1年目の男性保育士を0歳児クラスの担任にした園長先生は、かなり勇気のいる決断だったのではないでしょうか。保育士1年目は、はじめてのことばかりでしたが、赤ちゃんとの生活は本当に刺激的で楽しく、とても勉強になることが多かったです。今現在の自分自身の保育観や子ども観は、この経験があったからこそできあがったと思うので、僕にとっては本当に大きな経験でした。

　0歳児クラスで一緒に担当した先生は歌がとても上手で、子どもたちにたくさん歌いかけてあげていたので、僕も知っている童謡などを歌いながら、子どもたちとの楽しい日々がはじまりました。担当の子どもが泣いて登園したとき、抱っこしながら『世界中のこどもたちが』をテラスで必死になって歌いかけたことを思い出します。そうやって毎日歌っていくうちに、その歌が彼の心に響くようになり、泣く時間が短くなり、安心する歌になっていくことを実感しました。寝かしつけのときは、テンポや歌い方を子守唄風にすると安心するようになりました。"歌が子どもとの架け橋"になっていった経験が、僕にとって、とても大きい出来事でした。

●"見守る"ときと、"思いきり遊ぶ"ときの見極めが大切

　このように0歳児クラスでは、歌がたくさんある生活でしたが、ずっと歌ったりふれあい遊びをしたりしていたわけではもちろんありません。日常の生活のなかにこそ、0歳児保育の大切さがあるという気がします。

というのは、赤ちゃんが今、何に出会っているのかということです。機嫌よく何かに興味を示し、追視しているときには、その姿を見守るなど、その子が今何をしているのかという見極めが必要なのだと思います。その一方で、関わって遊ぶときは、その子の表情や気持ちを十分に大事にしながら思いきりふれあい、大人も楽しんで遊ぶ。そのようにして愛された経験が必ず子どもの心に残り、成長段階で困ったときなどの力になっていくのだと思います。

　１歳児クラスの担任のときは、小グループに分かれて、なるべく集団が大きくならないように工夫し、子ども一人ひとりがゆったりと過ごせるようにしました。あるとき、５人ほどの子どもとふれあい遊びをして過ごす時間がありました。子どもの体をつんつんしたり、こちょこちょしたりする簡単な遊びでしたが、子どもたちがだんだんとわかってきて、こちょこちょされるときになると「きゃー」と部屋のすみへ逃げるのですが、顔はこちらに向けてなんとなく期待している様子でした。追いかけてこちょこちょとすると、くすぐったい気持ちとなんとなく嬉しい気持ちが表情に表れていました。

　互いにほほえみ合ったり、大笑いし合ったりするふれあい遊びは、子どもたちの心に必ず残っていきます。その体験が自己肯定感を育み、その後成長していく子どもたちに「どんな自分も大丈夫！ありのままの自分でいいんだ！」という心が芽生えるのだと思います。

　子どもたちの反応を見ながら、遊びを変化させ、子どもたちに合わせていくことが、あそびうたやふれあい遊びを楽しむコツです。子どもたちの興味や表情に合わせて一緒に楽しみながら遊んでいきましょう。

　ふれあい遊びやあそびうたを楽しんだ時間と温かい大人のまなざしが、必ず子どもたちの心に残り、自らが育つ心の栄養分になっていくと思います。

ふれあい遊びで大切なPoint

Point1　子どもを見る目

　子どもが今、何をして何に出会っているかを"見る目"を磨くことが大切だと思います。乳児の時期はどんどん成長して遊びも変化していきます。そこで、楽しい気持ちを一緒に味わう時間をつくってほしいです。

Point2　聴く耳

　子どもの呼吸を感じ、声を聴きながら、歌のイメージに合った声の大きさやリズム感など、心地よさを大切にするといいですね。子どもの声はもちろん、自分の声に対しても聴く耳の感度を高めていきましょう。

Point3　感じる心

　乳児は、楽しいと同じ遊びを何度も「もっかい、もっかい」と言って、期待通り、思った通りになることが何より楽しい時期。「たのしいねー」と共感していく心と時間が、子どもと大人の心の架け橋になっていきます。

TRACK 7 ぼくたちぶどう

2歳〜

ダンス / 子育て支援 / 行事

楽譜 ➡ P29

振りつけ／福田りゅうぞう

前奏

発表会などでは、左右を向いて観客に手を振る

1番

1 ♪ぶぶぶぶぶ ぶぶぶぶ ぶどう

右を向いて腕と足を曲げ、上下に動かしリズムをとる

2 ♪ぶぶぶぶぶ ぶぶぶぶ ぶどう

左を向いて1と同じ。「ぶどう」の後の間奏で手を上げてその場で1周する

3 ♪ぶらぶらぶらんと ♪ゆれたり

手を下にして両腕で円をつくり、右→左→右に揺らし、そのまま両腕を上へ上げる

4 ♪おひさまのパワーもらったり

両腕を上げたまま右→前→左→前（2拍ずつ）を向く

5 ♪あまくなったの たべてほしいな

両手をキラキラさせながら下へ下ろす

6 ♪あなたに

前を2回指さす

7 ♪プレゼン

胸の前で腕をぎゅっとたたむ

8 ♪ト

頭の上で円をつくる

行事が盛り上がる！キュートなダンス

発表会や運動会などにぴったりな、とってもかわいらしいダンスです。子どもたちがぶどうになりきって踊ります。とても軽快な曲に仕上がっているので、観客も一緒に盛り上がること間違いなしです！　少しテンポが速いので、年齢に合わせて、途中の振りつけを省くなどして調整してください。ぶどうは、子どもたちにとって身近なくだものです。実際に食べたり、絵を描いたりする活動を導入にして、行事につなげていけるといいですね。

9 ♪ぼくたち

右腕を肩の高さまで下ろす

10 ♪ぶどう

右腕を戻す

11 ♪ひとつぶ

左腕を肩の高さまで下ろす

12 ♪どう

左腕を戻す

13 ♪みんなでぶどう

両腕を体に添わせて腰の横で止め、「どう」で上半身を前に傾ける

14 ♪ひとつぶどう

頭の上で円をつくり、その場で3回ジャンプする

15 ♪おいしいぶどう ひとつぶどう
9〜12をくり返す

16 ♪たねはぬいたよ ひとつぶどう
13、14をくり返す

17 間奏

その場で1周する

18 ♪ぶぶぶぶぶ ぶぶぶぶ ぶどう
1と同じ

19 ♪ぶぶぶぶぶ ぶぶぶぶ ぶどう
2と同じ

2番
★【♪かぜがひゅるるんと〜〜たねはぬいたよ ひとつぶどう】までは3〜16をくり返す。

次ページへつづく

間奏

右方向に歩く（8拍）→頭の上で円をつくり左右に揺れる（8拍）→左方向に歩く（8拍）→頭の上で円をつくり左右に揺れる（8拍）

20 ♪みんながだいすきぶどう

OKマークをつくり左右に4回揺らす

21 ♪いまがたべごろよ

左右のOKマークに口をつける（4拍ずつ）

22 ♪えがおになる まほうだよ

20と同じ

23 ♪あまいせかいに みんなおいで

21と同じ

24 ♪よー

両手を上げて「おいでおいで」と振りながら、リズムに合わせてジャンプする

最後

25 ♪ぼくたち ぶどう〜〜 たねはぬいたよ ひとつぶどう

9〜16をくり返す

26 ♪ぶぶぶぶぶ ぶぶぶぶ ぶどう

♪ぶぶぶぶぶ ぶぶぶぶ ぶどう

1〜2をくり返す

27 ♪ぶどう

頭の上で円をつくってから、左腕を下ろす

こんなときに

全身がぶどうになる衣裳を作って発表会や運動会で披露しよう

発表会や運動会では衣装を作り、全身ぶどうになった子どもたちが踊ると、とてもかわいらしいし、子どもたちもぶどうになりきれます。ぶどうの実を取り外せるようにして、間奏のときに観客に配ったり、保育者がかごを持って歩き、その中に入れたりする演出をしても盛り上がりますよ。ぜひ、いろいろ工夫してみてください。

- 厚紙や段ボールなどでぶどうのヘタを作り、帽子につける
- 紫色のカラー帽子をかぶる
- 紫色のカラーポリ袋を着る
- 紫色のTシャツなどを着る
- 新聞紙などを丸めて、紫色のカラーポリ袋で包み、貼りつける

TRACK 8 びっくりチュンチュン

〜1歳〜

表現遊び / 毎日の保育 / 子育て支援 / 行事

楽譜→P36

前奏
両手をすずめの羽根に見立て、リズムに合わせて左右に揺れる

1番
1 ♪チュンチュンチュンチュン すずめ おさんぽチュン
リズムに合わせて左右の腕を交互に上げ下げする

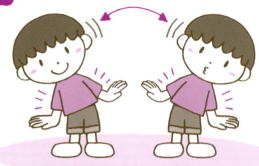

2 ♪こっちへあっちへ〜〜 〜〜みんなでチュン （お散歩）
小さくジャンプしながら周囲を散歩する

3 ♪にゃー
しゃがんで顔を覆い、隠れる

4 ♪びっくりチュンチュン
両手をくちばしに見立てる

アレンジ
「にゃー」で円に逃げる ゲーム性を取り入れても

1　円をいくつか描いておき、【♪こっちへ〜〜】ですずめになって散らばり、【♪にゃー】で近くの円に入ってしゃがむというゲーム性を取り入れても楽しいです。ぶつからないように円の位置などに配慮して遊んでください。

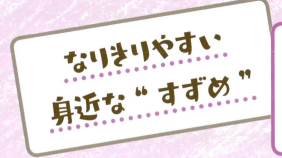

なりきりやすい身近な"すずめ"

すずめになって遊ぶ表現遊びです。いろいろな場所でよく見かけるすずめは、子どもにとって身近なものなので、例えば、お散歩のときや園庭にいたら観察したり、園庭に餌をまいたり、バケツを置いておいたりして、すずめが来るかみんなで待ってみるなどしてもいいかもしれません。そういった体験をしてから「みんなですずめになってみよう」と言ってはじめると、より表現を楽しめると思います。1〜2歳児の発表会の演目にしてもかわいらしいですね。

★ 2番 3番 では2を以下のように砂浴び、水浴びにかえる。　★そのほかは共通。

2　♪こっちへあっちへ〜〜〜〜みんなでチュン

2番

体を丸めて床をゴロゴロころがる

3番

両腕をパタパタさせながら、周囲を小さく飛びまわる

アレンジ　二人組みで指遊びやふれあい遊びもできる

2　一人が腕を伸ばし、軽く手を握って、穴を作ります。もう一人が人さし指で腕の上をお散歩、砂浴び、水浴びをして、【♪にゃー】で人さし指を穴に入れます。腕を伸ばした人が最後の【♪チュンチュン】で2回人さし指を"ぎゅぎゅ"と握ります。人さし指を動かす人は、腕だけでなく、体のいろいろなところに手を伸ばして、くすぐっても盛り上がります。

<お散歩>
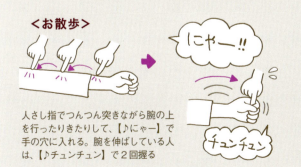
人さし指でつんつん突きながら腕の上を行ったりきたりして、【♪にゃー】で手の穴に入れる。腕を伸ばしている人は、【♪チュンチュン】で2回握る

<砂浴び>

人さし指を腕の上でゴロゴロさせながら動かす。その後はお散歩と同じ

<水浴び>

人さし指を腕の上でこするようにして動かす。その後はほかと同じ

TRACK 9

イソギンチャクのなかに カクレクマノミ

ふれあい遊び / 毎日の保育 / 子育て支援

0歳〜

楽譜 → P37

1番

1 ♪イソギンチャクのなかに〜〜こころうきうき

子どもを膝に座らせて、子どもの顔の前で両手をイソギンチャクに見立てて指をヒラヒラさせる
★たまに顔などをくすぐっても！

2 ♪げんきにおうちをとびだしたのさ

子どもを2〜3回前に進める

3 ♪ランラララララン ラララン〜〜〜〜ランラララララン ラララン

子どもを抱っこしながら膝の上で跳ねさせる

♪「フー」

途中の「フー」のところでは高く抱っこ（1番のみ）

4 ♪サメがきたぞ もどりましょう

子どもを1の位置に戻し、ぎゅっと抱きしめる

★ 2番 は2、3、4で次のようにかえる。

★ 3番 は3で次のようにかえる。

★ そのほかは 1番 と共通。

親子遊びに最適なふれあい遊び

0歳から楽しめるので、子育て支援や保育参観などの親子遊びに最適です。大人の膝に座って遊べるものがつくりたくて、ずっとあたためてきた遊びです。イソギンチャクの中で生活しているカクレクマノミが外の世界に飛び出して、帰ってくるという内容です。イソギンチャクやカクレクマノミがどんな生き物かを子どもたちと図鑑で調べたりしても、想像が広がって、より楽しめるのではないかと思います。

2番

2 ♪げんきにおうちをとびだしたのさ

子どもの足を手前にして膝の上で寝かせる

3 ♪ランラララララン ララン〜〜〜〜ランララララランララン

子どもの足を持って前後に動かす

4 ♪サメがきたぞもどりましょう

子どもを起こしてぎゅっと抱きしめる

3番

3 ♪ランラララララン ララン〜〜〜〜ランララララランララン

2で前に進めた子どもを膝に座らせたまま、膝を上げ下げする

アレンジ　パパも参加！実際に膝から飛び出しても！

お父さんも参加する親子遊びで、お父さんが眠たそうにしていること、ありませんか？ そんなときは、3人遊びにしましょう。
【♪とびだしたのさ】でお父さんの膝へ子どもを渡して、【♪もどりましょう】でお母さんに戻します。

【♪とびだしたのさ】で実際に子どもが膝から外に飛び出して、大人の周りをリズムに合わせて自由に踊ってもいいですね。
【♪もどりましょう】で、また膝に戻ります。

TRACK 10

だいじょうぶ？ ズコッ

かけあい遊び / 毎日の保育 / 子育て支援

1歳〜

楽譜→P36

★子どもたちの前でかけあいをしながら遊ぶ

1番

1 ♪うさぎさんが

チョキをうさぎに見立て、指先を丸めながら2回横に進める

2 ♪まるまった

1の手をこぶしにする

3 ♪どうしたの？ だいじょうぶ？ みんなできいてみよう

もう片方の手で2のこぶしをなでる

4 ♪「だいじょうぶ？」

全員で「大丈夫？」と聞く

5 ♪だいじょうぶです

こぶしを1の最初の状態に戻す

6 ♪だいじょうぶなのかい

全員で手でつっこみをいれる

7 ♪ズコッ

みんなでズッコケる

みんなで一緒の"一体感"を楽しむ!

この遊びは"みんなで同じことを言って、同じことをする"という一体感が楽しめる遊びです。「ズコッ」を先生がおおげさにやると子どもはとっても喜んで笑いますよ。とにかく"おおげさ"にやることがポイント! 1歳児くらいでは、最初は一緒にできないかもしれませんが、しばらくすると「ズコッ」とズッコケるようになってきます。まずは先生がやってみせ、「みんなもやってみよう!」と誘導して、徐々に参加できるように見守りながら遊んでください。

★ **2番** **3番** では **1** の動物がかわり、**4番** では **1〜5** で保育者が丸まり、元に戻る。

★ そのほかは共通。

2番 **1** ♪きつねさんが

指をきつねに見立て、2回横に動かす

3番 **1** ♪へびさんが

手をすぼめてへびに見立て、ニョロニョロ動かす

4番 **1・2・3**

♪せんせいがまるまった どうしたの? だいじょうぶ? みんなできいてみよう

保育者がその場でしゃがんで丸まる

4 ♪「だいじょうぶ?」

保育者に向かって子どもたちが「大丈夫?」と聞く

5 ♪だいじょうぶです

保育者が元気に立ち上がる

アレンジ ほかの動物や人にかえて遊ぼう!

例えば、腕を伸ばして手首を曲げてキリンにするなど、ほかの動物にかえて遊ぶこともできます。子どもたちと一緒に考えてみてください。また、5本指を使って、お父さん、お母さん…とやっていけば、5回楽しめます。指人形を使ってもいいですね。

幼児なら、4番の先生が丸まるところを、誕生日や当番の子などの名前にして「〇〇ちゃんが丸まった」とかえて遊んでも盛り上がります。

作詞・作曲／鈴木翼　福田翔
編曲／柿島伸次

TRACK 11 ぼくのこえ きみのこえ

追いかけソング / 毎日の保育 / 行事

♪ぼくの（ぼくの）　こえと（こえと）
　きみの（きみの）　こえが（こえが）
　そらへ（そらへ）　うかび（うかび）
　にじが（にじが）　かかる（かかる）

★ずっと（ずっと）　ずっと（ずっと）
　いっしょに（いっしょに）　いたいな（いたいな）
　ずっと（ずっと）　ずっと（ずっと）
　ぼくらは（ぼくらは）　ともだち（ともだち）

♪くもと（くもと）　かぜが（かぜが）
　あそんで（あそんで）　いるよ（いるよ）
　てとて（てとて）　つなぐ（つなぐ）
　ぼくら（ぼくら）　みたい（みたい）

★くり返し

♪つきも（つきも）　ほしも（ほしも）
　うたって（うたって）　いるよ（いるよ）
　きっと（きっと）　そらには（そらには）
　ゆめが（ゆめが）　いっぱい（いっぱい）

★くり返し

　ランララン（ランララン）　ランララン（ランララン）
　ランララン（ランララン）　ラランララン（ラランララン）

　ランララン（ランララン）　ランララン（ランララン）
　ランララン（ランララン）　ラランララン（ラランララン）

乳児の場合は追いかけ歌にならなくても、保育者の言葉を聞いて歌うなど、一緒に歌う楽しさを味わってほしいと思います。保育室でもお散歩でも自然とつぶやくように歌ってくれたら嬉しいです。幼児の場合は追いかける部分の役割をみんなで決めて歌うと、よりこの歌の意味合いを深く感じられるのではないでしょうか。何より"みんなで歌うって楽しいね"という気持ちを感じてもらえたらと思います。入園式や卒園式などにもぴったりですね。

ぼくのこえ きみのこえ

作詞／福田翔　作曲／鈴木翼
編曲／下畑薫　ピアノ編曲／別府のどか

ぼくのこえ きみのこえ

いつか大きな木になる

保護者への応援ソング
子育て支援　行事

♪いそいでるときにぐずる
　くちにいれるまえにこぼす
　ズボンは　なかなかはかない
　はだかではしってにげる

そんな　毎日だけど
だきついたきみのぬくもりと
長いまつげのうえにそっと
かわいさがあふれている

★ほらね　またできた
　失敗するけれど
　ほらね　またできた
　時間はかかるけど
　すぐにできないけれど
　いつか大きな木になる

♪ねむくて　えびぞりになる
　歯みがきは時間がかかる
　なんでもじぶんでやりたい
　しずかだとイタズラしてる

いそがしい日々だけど
てをつないだときのぬくもりと
ぎゅっとにぎりしめたりょうてに
いとしさがあふれている

★くり返し×2

　いつか大きな木になる

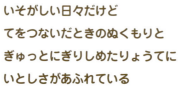

失敗したり、うまくいかないことがあっても、子どもは乗り越えて大きくなっていきます。親もきっと、子どもと一緒にたくさんのことを経験して同じように成長していくのだと思います。僕たち二人は父親でもあります。ただまっすぐに、二人の想いを歌にしました。子育てにはうまくいかないことがたくさんあります。でも、子どもは大人の心配をよそに成長していきます。子どもの生きる力を信じて、大きな木になるのを見守っていきたいと思います。

いつか大きな木になる

詞／鈴木翼　作曲／鈴木翼　福田翔
編曲／佐藤友成　ピアノ編曲／友成好宏

いつか大きな木になる

子育て支援は子育て応援!
～完璧でなくていい、失敗してもいいんだ～

鈴木 翼

●僕はお母さんたちの心に寄り添えていなかった…

　僕が子育て支援センターに転勤になったのは、5年目のときです。保育園で担任をしていたときのように保育をしよう、保護者の方にアドバイスをしなくてはいけないという思いで、右も左もわからぬまま、とにかく必死でした。おもちゃの配置や環境設定が気になって、「もっとこうしたほうが…」なんて生意気に言ったり…。

　そんなあるとき——。支援センターに来たお母さんに、子どもをほとんど見ず、携帯をずっといじっている人がいました。あまりにも子どもを見ていない時間が長いので、なんとかそれを阻止しようと声をかけたりしました。

　そして、その日の夕方、主任の先生に相談をしました。「お母さんがずっと携帯をいじっているのが気になって。子どもとも遊ばないし、どうなんでしょうね？」と。同意が得られると思っていたところ、そのベテランの先生は、ゆっくり僕を見て、諭すようにこう言いました。

「そうね。でもね、翼くん。お母さんたちはね、ただでさえ、がんばっているの」

「ただでさえ、がんばっている…」僕は心のなかでつぶやきました。

「あのお母さん、はじめて来た方だと思うけど、もしかしたら狭い部屋で子どもとずっと二人でいたかもしれないわよね？ やっと自分の時間ができた！と思って携帯に触れたのかもしれないじゃない？」

「…そうですね」僕のなかの氷のような心が溶け出していました。

「翼くんはお母さんたちにアドバイスをしたり、がんばれ！がんばれ！と背中を押しているけれど、そういうのはもうやめにしてほしいのよね。失敗したっていい。完璧じゃなくていいって言ってあげてほしいのよ」

　僕は涙があふれるのをじっと堪えました。僕は何もわかっていなかった…。

僕はお母さんの気持ちより、よりよい保育をしなくてはということを優先させていたのです。お母さんたちの気持ちに寄り添うということがどれだけ大事なのか、このとき教えてもらった気がしました。

● "変われる" きっかけをつくることが僕たちの仕事

　お母さんを受け入れていくと、お母さん自身が変わっていくことがわかりました。携帯をいじっていたお母さんは、その後も来てくれて、ほとんど一人で子育てをしていたため、気持ちに余裕がなかったことがわかりました。そして、お互いに関係を築き、支援センターに来ることで心に余裕ができていくうちに、携帯を見ることはほとんどなくなっていったのです。こちらから人を変えるのではなく、"変われる"きっかけとなる環境をつくっていくことが、僕らの仕事なのかもしれないと思いました。

　そんな時期に、僕は自分に言い聞かせるように『ゆっくりゆっくり』という歌をつくりました。

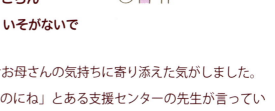

♪ゆっくりゆっくり前を見て　ゆっくりゆっくり　一歩ずつ
完璧じゃなくていいよ　肩の力抜いて　ちょっぴりほほえんでごらん
失敗したっていいよ　無理しないでいいよ　大丈夫　大丈夫　いそがないで

　支援センターでこの歌を歌うと涙を流す人もいて、少しだけお母さんの気持ちに寄り添えた気がしました。「支援っていう言葉がいけないのよね。"応援"にすればいいのにね」とある支援センターの先生が言っていました。１０年以上前のことです。今では、いろいろなところで"子育て応援"という言葉を目にします。
　この本で紹介した遊びも、そんなお母さんたちが"変われる"きっかけになればいいなと思います。

子育て支援で大切な Point

Point 1
"完璧じゃなくていい！" と伝えてあげよう

　"誰かと自分の子育てを比べなくてもいい！"。きっとそれが、がんばりすぎている人には、ガス抜きになったりするのではないでしょうか。

Point 2
自信が持てるように 寄り添うこと

　まずは、気持ちに寄り添うことが大切です。自分に自信が持てるようになったら、できなかったこともできるようになったりしますよね！

Point 3
実家のような 場所であること

　主任の先生が言っていた言葉です。"安心できる、ホッとできる"実家のような場所が支援センターであったなら、きっと子育ては楽しくなります。

➡ 次のページで、盛り上がる！『いない いない わお！』で30分親子遊びプログラムを紹介!!

子育て応援！

盛り上がる！
『いない いない わお！』で親子遊び30分プログラム

0・1・2歳の親子遊びは、流れをつくるのがなかなか難しいものです。ここでは、本書のなかの遊びを使ってすぐにできる30分プログラムを、僕がいつも意識しているポイントをふまえて紹介します！

0〜1歳児向け

1. いないいないわお！（P22）
2. くものうえで（P16）
3. イソギンチャクのなかにカクレクマノミ（P32）
4. 折りおりシアター（P52）
5. パピプポーン（P10）
6. いつか大きな木になる（P42）

- CDをかける前に、どんな動きの遊びなのかを歌いながら説明すると、遊びやすくなります。
- 「うまくできないときはやらなくていいですよ」という言葉より「できるところは一緒にやってみてくださいね」のほうが雰囲気よく進められます。

1歳半〜2歳児向け

1. できても できなくても やってみよう（P6）
2. イソギンチャクのなかにカクレクマノミ（P32）
3. いないいないわお！（P22）
4. びっくりチュンチュン（P30）
5. 下じきシアター（P50）
6. ぼくたちぶどう（P26）
7. いつか大きな木になる（P42）

- 1の『できても〜』は立って遊ぶのが難しい場合は膝に座らせて遊びましょう。
- 6の『ぼくたちぶどう』のダンスは子どもたちの集中力がある場合に取り入れましょう。

親子遊びプログラムをスムーズにするための成功術!!

1 緊張している心をほぐす遊びを前半に入れる

例えば、まず最初に動物や食べ物が出てくる絵本を読んでもいいと思います。前に出てきて絵にタッチしたり、食べるまねをしてみるように子どもに促すと、活動に集中します。また、プログラムのはじめのほうにふれあい遊びを入れると親子の気持ちがほぐれていきます。

2 体を動かして集中力アップ！その後の活動がスムーズに

走れるようになった子が多い場合は、体を動かす時間を開始から10〜15分の間に入れると、子どもの集中力が持続しやすくなります。体操やダンス、ジャンプやぐるぐる回るという動きだけでもいいです。その後の活動に興味を持ってくれる時間が長くなります。

特別付録 型紙つき！

簡単に遊べて みんながくぎづけ！
びっくりシアター

下じきを重ねたり、紙を折ったりするだけで、すぐにできる簡単シアターを紹介します。子どもたちの意見を取り入れながら、お話しを広げていくと盛り上がりますよ！ 何が出てくるかドキドキ、ワクワクするシアターです！

\びっくり❶/ 下じきシアター

赤い透明な下じきを重ねたときは見えないけど…

絵が出てきた！

\びっくり❷/ 折りおりシアター

折った紙を広げると…

大きくなった！

下じきシアター

赤い透明な下じきを紙に重ねると、赤系の色が消えるという原理は簡単ですが、みんなが夢中になる遊びです。乳児は手を伸ばして触ろうとしたりしますよ。子どもたちとのコミュニケーションツールとしても活用してほしいシアターです。

型紙 ➡ P55〜P58

❶ 金魚すくい

★**赤い透明な下じきを紙に重ねて子どもに見せる**

保育者：今日はお祭り。
　　　　お祭りといえば、これ。金魚すくいだよね。
　　　　でもあれ？　金魚が一匹もいないね。
　　　　こういうときは、みんなで呼んでみたら、
　　　　出てくるかもしれない。一緒に呼んでみよう！

★**みんなで声を合わせて**

みんな：出ておいで、金魚金魚、出ておいで
　　　　いち、にーの、さん！

★**下じきをぱっとめくる**

保育者：わぁ！　金魚がいっぱい出てきました。イエーイ！

❷ 綿あめ

★**赤い透明な下じきを紙に重ねて子どもに見せる**

保育者：次は何かな？
　　　　お祭りといえば、綿あめ！　甘くておいしいよね。
　　　　だけど、あれれ？　棒しかついていないねぇ。
　　　　よし！　みんなで呼んでみよう。

★**みんなで声を合わせて**

みんな：出ておいで、綿あめ綿あめ、出ておいで
　　　　いち、にーの、さん！

★**下じきをぱっとめくる**

保育者：わぁ、綿あめが出てきました。イエーイ！
　　　　じゃあみんなで食べよう。いただきまーす。おいしいねぇ。

★**みんなで綿あめを食べるまねをする**

❸ かき氷

★赤い透明な下じきを紙に重ねて子どもに見せる

保育者： さてさて、次は、かき氷。
だけど、あれれ、ひとつしかないね。
ほかはからっぽ。食べちゃったのかな？
よーし、これもみんなで呼んでみよう。

★みんなで声を合わせて

みんな： 出ておいで、かき氷かき氷、出ておいで
いち、にーの、さん！

★下じきをぱっとめくる

保育者： かき氷が出てきました！ イエーイ！
みんなはどれがいい？
これがいい人？ じゃあこれがいい人？
みんな選んだら、またまた、いただきまーす。

★みんなでかき氷を食べるまねをする

保育者： ひゃあ、冷たいね。おいしいねぇ。

❹ うちわ

★赤い透明な下じきを紙に重ねて子どもに見せる

保育者： さてさて、最後です。
おや？ 何もありません。おかしいね。
何がかくれているのかな？ 何だと思う？

★子どもたちの答えを待って

保育者： いろいろありそうだね。
よし、最後にみんなで呼んでみよう！

みんな： 出ておいで、何かな何かな、出ておいで
いち、にーの、さん！

★下じきをぱっとめくる

保育者： わぁ！ うちわが出てきました。
暑いからみんなをあおいであげましょう。

★みんなをあおぐ

保育者： それでは、このうちわを持ってお祭りに出発！
お祭りって楽しいよね。楽しみだね！

型紙の使い方

- 赤い透明な下じきを用意して、型紙に重ねると赤色系統の部分が消えます。下じきを重ねたり、外したりして遊んでください。
- 型紙は切り離して使うとスムーズに遊べます（両面イラストになります）。
- 次のお話しの型紙が見えないように注意して、必ず下じきを重ねてから見せましょう。

※赤い透明な下じきの種類によっては、若干消え方が異なります。また、カラーコピーするとイラストが消えにくくなります。
※蛍光ペンのピンク、オレンジ、黄色で描いたり、塗ったりしても、赤の透明な下じきを重ねると消えます。

折りおりシアター

1枚の紙を折るだけで楽しめるシアターです。まずは折った状態で見せ、パッとすばやく広げたり、ゆっくり広げたりして見せ方を変えると効果的ですよ！ぜひオリジナルの折りおりシアターづくりにも挑戦してみてください！

型紙の使い方

- ●型紙はＡ４サイズの50％（1/2）に縮小して掲載しています。Ａ４サイズに拡大コピー（200％）して使うと遊びやすいです。

※拡大コピーをする際は、一度ページを原寸でコピーしてから型紙を切り取ってコピーをするとやりやすいです。

- ●色は自由に塗ってください。
- ●折り線に沿ってまず半分に谷折りにし、さらに上側の紙を半分に山折りにして遊びます。

びっくらポン！ 〜おおきくなぁれ〜

型紙→P59〜P60

① バナナ

保育者：小さなバナナだね。もっと大きくならないかなぁ。

★**子どもたちの反応を待って**

保育者：みんなで「大きくなぁれ」って歌ったら大きくなるかなぁ。みんなで歌ってみようか！

♪おおきくなれ おおきくなれ びっくらポン！

★**すばやく広げる**

保育者：わぁ！大きくなったね！みんな拍手〜

❷ りんご

保育者: 今度はりんごです。これも小さいねぇ。
またみんなで歌ってみようか！

♪おおきくなれ おおきくなれ びっくらポン！

★すばやく広げる

保育者: わぁ！ りんごがたくさん出てきたね！
では、みんなにあげます。はい、どうぞどうぞ。

★子どもたちに配るまねをする

保育者: では、みんなで食べちゃおう！
いただきまーす。アムアムアム…。

★みんなでりんごを食べるまねをする

❸ ぶどう

保育者: このぶどうもやっぱり小さいね。
よーし、また歌ったら、きっと大きくなるね。歌ってみよう！

♪おおきくなれ おおきくなれ びっくらポン！

★ゆっくり広げる

保育者: あれーー!! 大きくなったけど、実があるのは先っぽだけだね。
誰か食べっちゃったのかな？

❹ いちご

保育者: 最後はいちご。おいしそうだね。
ではでは、最後にみんなで「大きくなぁれ」って
歌ってみよう！

♪おおきくなれ おおきくなれ びっくらポン！

★すばやく広げる

保育者: わぁ！ 大きくなった！ と思ったら、ケーキだ！！
そうだ、みんなも大きくなったから、
ケーキでお祝いしましょう。
おめでとう！ 拍手〜！

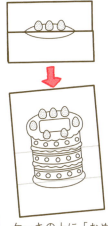

お誕生日だけでなく入園、進級の時にも！

ケーキの上に「おめでとう」などメッセージを手書きする

びっくらポン！ ～クリスマス～

楽譜 ➡ P52
型紙 ➡ P61 ～ P62

❶ 靴下からはみ出したおもちゃ

保育者： 靴下があります。クリスマスプレゼントが入っていそうだね。みんなはどれがいいかな？

★靴下を指さしながら「これがいい人？」と聞いていく

★子どもたちの反応を待って

保育者： では、見てみましょう！

★歌いながら紙をゆっくり広げていく

♪なにがでるかな　なにがでるかな　びっくらポン！

保育者： あれ？　こんがらがっているね。どのプレゼントにだどりつくかな？

★「この靴下は…これ！　この靴下は…あれれ、これだ！」などとやりとりをして

保育者： いろんなプレゼントがあったね！　では次の靴下は？

❷ 靴下からヘビ

①と同様に「何が入っているかな？」と子どもたちとやりとりをして、歌いながら紙を広げていきます。「ヘビだ！　みんなかくれてー！」とみんなでかくれるふりなどをしても楽しいです。

❸ うさぎの耳

リボンがついているかわいい靴下。歌いながら紙を広げて、上下をひっくり返すと…。うさぎさんの耳でした！

❹ サンタさんの靴

靴の部分を黒く塗るなどして、「次は黒い靴下、おばけが出てきたりして…」とドキドキさせて、歌いながら広げるとサンタさんが登場！　みんなで「メリークリスマス！」と言って楽しみましょう！

②綿あめ

下じきシアター 型紙

✂切り取り線

56

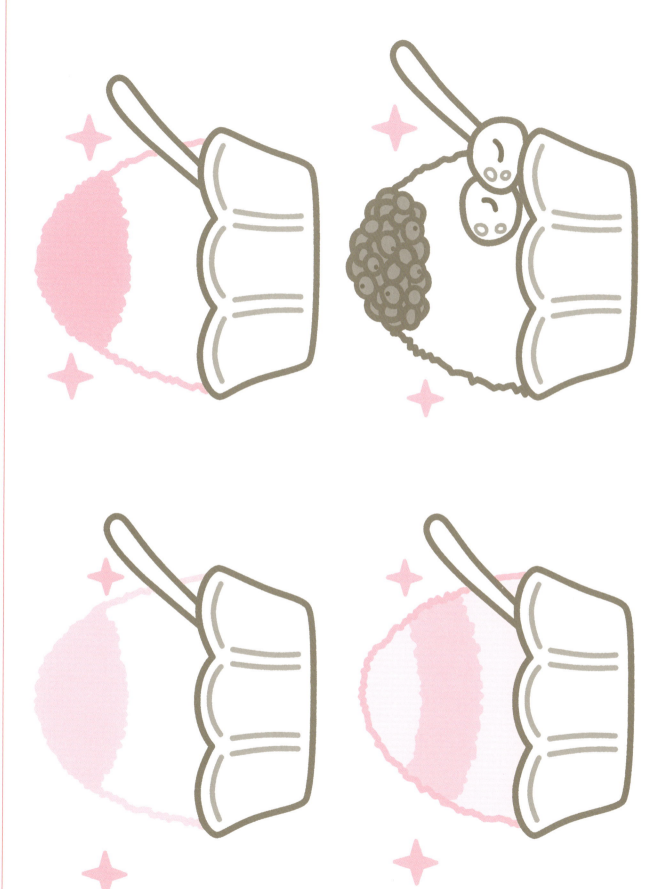

④うちわ

下じきシアター 型紙

切り取り線

▲①バナナ

折りおりシアター
~おおきくなぁれ~

 型紙

・・・・・・・ 谷折り線
- - - - - - 山折り線

▼②りんご

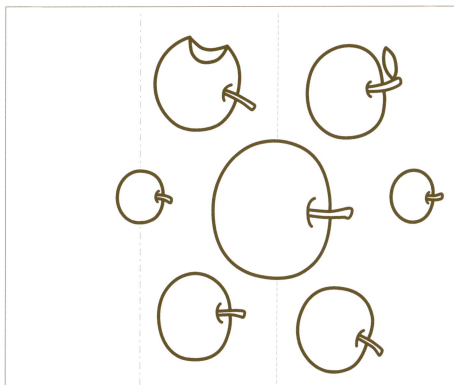

▲③ぶどう

------ 谷折り線
-·-·-·- 山折り線

折りおりシアター
～おおきくなぁれ～   型紙

▼④いちご

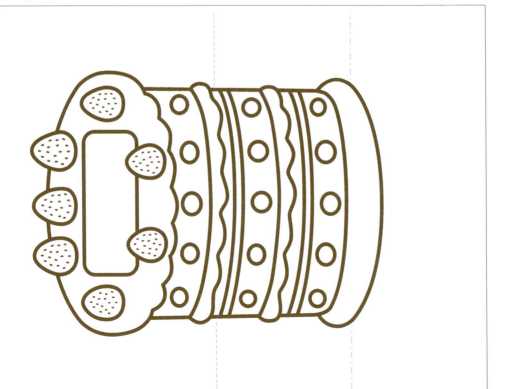

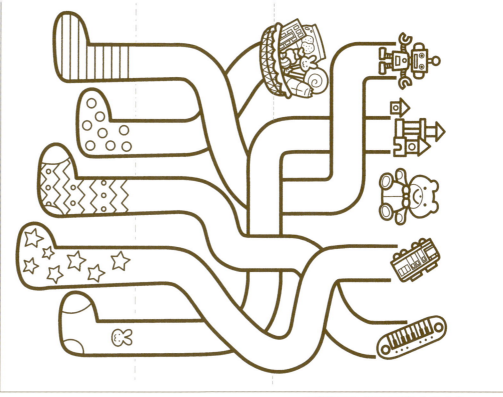

▲①靴下からはみ出したおもちゃ

折りおりシアター
～クリスマス～

------- 谷折り線
——— 山折り線

▼②靴下からヘビ

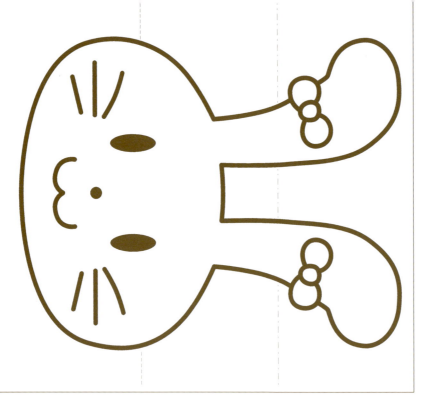

▲③うさぎの耳

------- 谷折り線
-・-・-・- 山折り線

折りおりシアター
～クリスマス～
（型紙）

▼④サンタさんの靴

鈴木 翼

保育園、子育て支援センターに8年間勤務後、2009年あそび歌作家へ。ファミリーコンサート、保育者向けの講習会、保育園・幼稚園・子育て支援センターでのコンサートなど、全国各地でライブを行うほか、絵本、パネルシアターの制作、雑誌への執筆、子ども向け番組への遊びの提供・出演など、活動を広げている。

■ 主な作品
書籍『鈴木翼のGO! GO! あそびうた』(鈴木出版)
書籍『鈴木翼のちょこっとあそび大集合！』(ひかりのくに)
CDブック『ちょっとだけ体操』『じゃんけんジョイ！』『ワクワクあふれだす』共著(ソングブックカフェ)『鈴木翼&福田翔のファンファン・ファンタジー』(世界文化社)
絵本『ゆうえんちでなんでやねん』(世界文化社)
パネルシアター『おばけマンション』(アイ企画)
ほか多数

◆ソングブックカフェホームページ　https://www.songbookcafe.com/

福田 翔

保育園に8年間勤務後、2014年よりあそび歌作家として活動を開始。全国の保育園、幼稚園、児童館などで、子ども向け、親子向けのあそびうたコンサートや保育者向けの講習会等を行っている。また、保育雑誌へのあそびうたやパネルシアターの提供、子ども向け番組への楽曲提供なども行っている。

■ 主な作品
CD『しょーくん・つーくんの からまった テヘッ！』(ソングレコード)
CD『普段づかいの わんぱく!!&0・1・2才あそびベスト』(キングレコード)
CDブック『ちょっとだけ体操』『じゃんけんジョイ！』『ワクワクあふれだす』共著(ソングブックカフェ)『鈴木翼&福田翔のファンファン・ファンタジー』(世界文化社)
パネルシアター『まちのおふろやさん』(アイ企画)
ほか多数

カバーイラスト　ザ・キャビンカンパニー
本文イラスト　　ハセチャコ
　　　　　　　　Igloo*dining*（P38、P42）
デザイン　　　　Zapp!（高橋里佳）
楽譜制作　　　　クラフトーン
制作協力　　　　ソングブックカフェ

鈴木 翼 & 福田 翔の
いないいないわお！　0・1・2歳からのあそびうた

2018年7月26日　初版第1刷発行
2024年10月7日　初版第6刷発行

著　者　鈴木翼　福田翔
発行人　西村保彦
発行所　鈴木出版株式会社
　　　　〒101-0051　東京都千代田区神田神保町2-3-1
　　　　岩波書店アネックスビル5F
　　　　TEL.03-6272-8001(代)　FAX.03-6272-8016
　　　　振替　00110-0-34090
　　　　◆鈴木出版ホームページ◆　https://suzuki-syuppan.com/

印刷所　TOPPANクロレ株式会社

©Tsubasa Suzuki, Sho Fukuda 2018 Printed in Japan
ISBN978-4-7902-7245-8　C2037
日本音楽著作権協会（出）許諾第1806349-406号

落丁・乱丁は送料小社負担でお取り替えいたします（定価はカバーに表示してあります）。
本書を無断で複写（コピー）、転載することは、著作権法上認められている場合を除き、禁じられています。

鈴木翼 & 福田翔の いない いない わお！ 0・1・2歳からのあそびうた

うた：鈴木翼　福田翔

1　できても できなくても やってみよう
作詞／鈴木翼　福田翔　作曲／鈴木翼　編曲／柿島伸次

2　パピプ ポーン
作詞／鈴木翼　福田翔　作曲／鈴木翼　編曲／本田洋一郎

3　ブラリン ブラリン
作詞／福田翔　作曲／鈴木翼　編曲／まつむらしんご

4　くものうえで
作詞／福田翔　作曲／鈴木翼　編曲／下畑薫

5　つのつのつーの
作詞／鈴木翼　福田翔　作曲／鈴木翼　編曲／佐藤友成

6　いない いない わお！
作詞・作曲／鈴木翼　福田翔　編曲／下畑薫

7　ぼくたちぶどう
作詞／福田翔　作曲／鈴木翼　編曲／本田洋一郎

8　びっくりチュンチュン
作詞／福田翔　作曲／鈴木翼　編曲／下畑薫

9　イソギンチャクのなかにカクレクマノミ
作詞・作曲／鈴木翼　福田翔　編曲／柿島伸次

10　だいじょうぶ？ ズコッ
作詞・作曲／鈴木翼　編曲／まつむらしんご

11　ぼくのこえ きみのこえ
作詞／福田翔　作曲／鈴木翼　編曲／下畑薫
コーラス：スイーツ合唱団（なな　ゆう　のの）

12　いつか大きな木になる
作詞／鈴木翼　作曲／鈴木翼　福田翔　編曲／佐藤友成

13　カラオケ できても できなくても やってみよう

14　カラオケ ぼくのこえ きみのこえ

15　カラオケ いつか大きな木になる

演奏：佐藤克彦（E.Guitar…5、A.Guitar…12）
　　　友成好宏（Piano…5、12）
　　　河村克樹（E.Guitar…7）

録音：中山圭 at 横浜橋スタジオ（2018.3）
TD・MS：中山圭 at 横浜橋スタジオ（2018.5）

CD イラスト：ザ・キャビンカンパニー
CD デザイン：Zapp!（高橋里佳）

音楽プロデュース：中川ひろたか（ソングレコード）
制作：ソングブックカフェ

※楽譜の構成がオリジナルの音源と異なる場合があります。